Gekürzte und vollständig überarbeitete Miniausgabe
des ebenfalls im Verlag W. Hölker erschienenen
gleichnamigen Titels

5 4 3
ISBN 3-88117-578-4
Gestaltung: Kristin Labuch,
Jutta Engelage, Niels Bonnemeier
Redaktion: Jutta Engelage, Monika Römer

Printed in Italy

Gisela Allkemper
Illustrationen von Kristin Labuch

Ich hab dich zum Fressen gern

Das kleine Kochbuch
für Verliebte

Hölker Verlag

Inhalt

Vorwort

Rezepte für Verliebte? Ein widersinniges Unternehmen, da doch Verliebte bekanntlich nur von Luft und Liebe leben! Allerdings erfahrungsgemäß nicht allzu lange. Schon bald gilt wieder die uralte Weisheit, dass die Liebe durch den Magen geht.

Von allen Künsten sind die Kochkunst und die Liebeskunst am engsten miteinander verwandt. Keine andere zielt, wie diese beiden, auf alle menschlichen Sinne zugleich ab, will wohltun, verwöhnen und empfindet höchsten eigenen Genuss im Aufspüren, Wecken und Stillen der geheimsten Wünsche des geliebten Gegenübers. Ihren Höhepunkt findet die Verbindung beider Künste im Liebesmahl, so wie es uns schon seit ältester Zeit in Sagen und Bildern überliefert ist.

Sinnlichkeit und (Gaumen-)Kitzel, Lust und Verführung, (Liebes-)Hunger und Erfüllung wirken beim Essen wie beim Lieben zusammen, und in der Kombination von beidem liegt für den echten Genießer das höchste Glück.

Deshalb sollen die hier zusammengetragenen Gerichte Gaumen und Herz gleichermaßen anregen. Dabei achten die geübte Liebesköchin und der begnadete Liebeskoch auf die sorgfältige Auswahl und Menge der Zutaten – denn vielen Nahrungsmitteln und Gewürzen werden seit altersher geheime Kräfte zugesprochen, die dazu geeignet sind, den Geliebten feuriger, die Geliebte zärtlicher, den Reiz stärker und die Lust dauerhafter zu machen. Belebende Zutaten sollen liebesfördernde Wirkungen erzielen.

Die Griechen und Römer, die die Liebesgöttin Aphrodite besonders verehrten, verstanden sich bestens darauf, die aphrodisierenden Wirkungen in der Kochkunst gezielt einzusetzen. Sie wussten die Liebsten mit anregenden Genüssen zu fesseln.

Wer aber war Aphrodite, dass sie solche Macht vermittelte? Die Sagen der griechischen Götter berichten von der Tochter des Zeus als Göttin der Schönheit und der Liebe. Aus einer ihrer wechselnden Liebesbeziehungen erwuchs Eros, der Knabe, der mit Liebespfeilen seine „Opfer" betörte. Bei den Römern wurde die Göttin als Venus mit ihrem Sohn Amor verehrt.

In allen Ländern der Erde sind Zutaten bekannt, die, einem Mahl beigefügt, liebesfördernd wirken sollen. Diese Ingredienzen, sogenannte Aphrodisiaka, waren besonders im Orient sehr geschätzt. Die Lehrer der Heilkunst, Kräuterweiber und Köche kannten sich damit bestens aus. Gewürze, frische Kräuter, Fische und Schalentiere, besonders aber gewürztes Lammfleisch, Wild und Geflügel besaßen, ihrer Überzeugung nach, himmlische Kräfte. Aber auch um die aphrodisischen Wirkungen von Eiern, Nüssen, Obst und frischem Gemüse wussten sie genauestens Bescheid.

Lassen Sie sich anregen, die Kunst des Verführens und Betörens mittels dieser Aphrodisiaka zu erlernen oder zu vervollkommnen. Auf den folgenden Seiten finden Sie Rezepte, die gut gewürzt, vielfältig, leicht und aufbauend sind. In diesem Sinne: Aphrodite lässt grüßen!

Gisela Allkemper

Frühstück im Bett

„So richtig nett, so richtig nett ist's nur im Bett." Mit einem Frühstück im Bett lässt sich jeder gerne verwöhnen. Bevor Sie sich wieder in Ihre Kissen kuscheln, arrangieren Sie liebevoll auf einem großen Tablett alles, was dazu gehört. Ein solches Frühstück wird die Sinne anregen und den Tag von Anfang an zu einem besonderen Erlebnis werden lassen.
Zusätzlich zu den beschriebenen Leckereien können Sie Vollkorn- oder weiße Brötchen aufbacken, mit Butter bestreichen, auf einen Teller legen und dazu Minigläser oder kleine Schälchen mit verschiedenen Sorten Marmelade stellen. Und Kaffee oder Tee darf selbstverständlich auch nicht fehlen.

Begrüßungscocktail

Lukull selbst, der für seinen Tafelluxus berühmt gewordene römische Feldherr, war es, der für seine Obstgärten die Kirsche aus der pontischen Stadt Kerasus nach Europa brachte.

200 g Erdbeeren, 200 g Sauerkirschen,
2 EL Zucker, 1 Schnapsglas Grenadinesirup,
1 Schnapsglas Kirschlikör, 1/4 l Eistee,
1 Pikkoloflasche Sekt

Erdbeeren und Sauerkirschen waschen und putzen. Die Kirschen entsteinen. Früchte in eine Schüssel füllen, zuckern und Saft ziehen lassen. Danach leicht zerdrücken oder mit dem Mixstab zerkleinern. Das Fruchtmus mit den anderen Zutaten zusammen in eine Karaffe füllen, umrühren und nicht zu kalt servieren. Fühlen Sie sich wie im siebten Himmel!

Paradiesische Walnussmilch

Die Walnuss zählt zu den besonders aromatischen und nahrhaften Nüssen. Bei den Römern galt sie als Luxusartikel. Sie aßen diese als Dessert oder verwendeten sie bei Fruchtbarkeitsriten. Die Walnüsse müssen wirklich frisch sein, denn ältere lassen sich nur sehr schwer schälen.

100 g frische Walnüsse, 1/2 l Milch,
2 EL Akazienhonig

Die frischen Walnüsse knacken, häuten und sehr fein mahlen. Bei kleiner Hitze in der Milch ziehen lassen. Zum Schluss mit Honig süßen. Das Getränk gibt Kraft und Energie für den ganzen Tag!

Eier im Glas

etwas Butter, 2 Eier,
frisch gemahlener Pfeffer, Salz

Zwei Cocktailgläser ausbuttern. In jedes Glas ein Ei schlagen, mit Pfeffer und Salz würzen. Ein Butterflöckchen darauf geben. In der Mikrowelle bei 400 Watt 2–3 Minuten stocken lassen. Sofort mit folgender Sauce servieren:

Joghurtsauce

Der scharfe Reiz des Pfeffers ist seit langem bekannt und die roten Pfefferkörner sind ein Genuss für sich.

1 Becher Vollmilchjoghurt, 1 EL Sahne,
etwas Zitronensaft, 1/2 TL frisch gemahlener
roter Pfeffer, 1 Prise Salz, 1/2 Zwiebel, fein gehackt,
1/2 Päckchen 7-Kräuter-Mischung

Joghurt, Sahne und Zitronensaft mit dem Schneebesen schaumig schlagen. Mit den übrigen Zutaten vermengen und herzhaft würzen.

Liebhaber-Ecken

Mmh, das weckt die Lebensgeister auch des schlaftrunkensten Liebhabers!

2 Scheiben Vollkorntoast, 125 g geräucherte Schinkenleberwurst, 1 EL grüner Pfeffer, 2 EL trockener Sherry, 2 Kirschtomaten

Das Brot toasten. Leberwurst mit Pfeffer und Sherry verkneten. Die Toasts diagonal in Dreiecke schneiden und die Leberwurstpaste pyramidenförmig darauf streichen. In die Spitze jeweils eine halbe Kirschtomate drücken.

❤ Wenn Ihr Schatz Vegetarier ist oder Sie einfach einmal Lust auf eine Frühstücksvariante haben, dann probieren Sie doch Folgendes:

Zwei Scheiben Toastbrot toasten und mit Olivenöl beträufeln. Mit Mozzarella und Tomaten oder wahlweise Feigen und Tomaten belegen. Mit Salz, Pfeffer, Kräutern der Provence oder frisch abgezupften Basilikumblättchen würzen. Schmeckt warm und kalt.

Was es ist

Es ist Unsinn
sagt die Vernunft
Es ist was es ist
sagt die Liebe

Es ist Unglück
sagt die Berechnung
Es ist nichts als Schmerz
sagt die Angst
Es ist aussichtslos
sagt die Einsicht
Es ist was es ist
sagt die Liebe

Es ist lächerlich
sagt der Stolz
Es ist leichtsinnig
sagt die Vorsicht
Es ist unmöglich
sagt die Erfahrung
Es ist was es ist
sagt die Liebe

Erich Fried

Brunch für Verliebte

Zu den festen Bestandteilen eines Frühstücksbuffets zählen Kaffee, Tee, Milch, Brot, Brötchen, Butter, verschiedene Sorten Marmelade, Honig, Müsli, frisches Obst, Eier und eine Auswahl an herzhaften Wurst- und Käsesorten.

Für ganz besondere Gelegenheiten können Sie das übliche Frühstücksbuffet um aphrodisierende Speisen bereichern, die reichlich Proteine, Vitamine und Mineralstoffe enthalten. Das weckt alle müden Lebensgeister und sorgt für gute Stimmung.

Vitaminstößchen

1 große Orange, 1/2 Grapefruit, 1 zerdrückte Kiwi, 2 EL Ananassaft, einige Tropfen Zitronensaft nach Geschmack, 1 Scheibe Orange oder Zitrone

Orange und Grapefruit frisch auspressen. Den Saft mit der Kiwi, dem Ananassaft und, nach Wahl, mit einigen Tropfen Zitronensaft verquirlen. In hohe Gläser füllen. Diese mit einer Scheibe Orange oder Zitrone verzieren und mit einem Trinkhalm servieren.

Exotischer Tee

Dieser Tee eignet sich vor allem für die kalte Jahreszeit, denn er wärmt so richtig schön von innen! Ingwer wird in China schon seit über 3000 Jahren geschätzt. Er hat einen besonderen, pikanten Geschmack und bringt das Blut in Wallung.

1 Kanne (ca. 4 Tassen) starker schwarzer Tee,
2 EL Ingwerwürfel (in Sirup oder kandiert),
1 kleine Karaffe Rum,
1 Schälchen Kandiszucker

Den heißen Tee auf einem Stövchen warm halten. Alle Zutaten in verschiedenen Schälchen auf einem Tablett arrangieren, damit sich jeder seinen Tee ganz nach Geschmack zusammenstellen kann.

Süße Quarkbrötchen

Wenn Ihr Schatz Süßes liebt, werden Sie mit diesen Brötchen bestimmt Begeisterung hervorrufen. Frisch gebacken schmecken sie natürlich am besten, aber Sie können sie auch einfrieren und dann nach Bedarf im Ofen aufbacken.

200 g Weizenmehl, 1/2 Päckchen Backpulver,
125 g Magerquark, 3 EL Milch, 1 Ei, 4 EL Öl,
30–50 g Zucker, 1 Päckchen Vanillezucker,
1 Prise Salz, Fett für das Blech

Den Backofen auf 180 °C (Heißluft 160 °C) vorheizen. Mehl und Backpulver vermischen. Die übrigen Zutaten in einer Schüssel gut verrühren, nach und nach das Mehl dazugeben und verkneten. Wenn der Teig zu klebrig ist, noch Mehl hinzufügen. Faustgroße Brötchen formen und mit Abstand auf ein gefettetes (oder mit Backpapier ausgelegtes) Blech legen. Im Backofen 15–20 Minuten backen.

❤ Sehr lecker schmecken Butter und Marmelade dazu. Nach Geschmack können Sie zusätzlich Rosinen unter den Teig mengen.

Endloses Liebesbrot

Dieses Brot wird lang in die Mitte des hübsch gedeckten Tisches gelegt. Die Liebenden können wählen, welchen Teil des vielseitig belegten Baguettes sie anknabbern möchten. Lachs ist nicht nur ein edler Genuss, er wirkt auch animierend auf das Liebesleben.

1 kleines Baguette (500 g), Butter zum Bestreichen,
8 kleine Salatblätter, 8 dünne Scheiben ungarische
Salami, 2 EL Fleischsalat, 4 Scheiben Lachs,
Mayonnaise oder Lachscreme aus der Tube,
4 Scheiben Schnittkäse (z.B. Gouda oder Butterkäse),
8 Scheiben Roastbeef, 60 g Schafskäse,
1 Gewürzgurke in Streifen, 1 Zwiebel in Ringen,
1 Orange, in Scheiben

Das Baguette längs halbieren. Von beiden Hälften je 1 Käppchen abschneiden, so dass man die Hälften an den Schnittstellen aneinandersetzen kann. Die obere Hälfte evtl. etwas abflachen, damit sie besser liegen bleibt. Beide Hälften mit Butter bestreichen und mit gewaschenen und trockengetupften Salatblättern belegen. Salamischeiben zu Tüten drehen und mit Fleischsalat füllen. Lachs mit Mayonnaise oder Lachscreme bestreichen und aufrollen. Käsescheiben ebenfalls aufrollen. Roastbeef mit Schafskäse oder Gurkenstreifen füllen und zusammenrollen. Das Baguette bunt belegen. Mit Zwiebelringen und halben Orangenscheiben garnieren. Auf einer schnittfesten Unterlage auf den Tisch stellen. Ein Brötchenmesser dazulegen!

Artischockenpizza

Die Artischocke galt in Frankreich traditionell als Liebesdistel und ihr Genuss wurde Frauen empfohlen, die sich männlichen Nachwuchs wünschten. Für das folgende Rezept werden Artischockenherzen aus der Dose verwendet.

150 g TK-Blätterteig, Mehl zum Ausrollen,
Butter für die Form, 6 Cocktailtomaten,
6 Artischockenherzen, 6 schwarze Oliven ohne Stein,
2 EL Ketchup, 1 Knoblauchzehe, Salz,
1 EL gehackte Petersilie, 1/2 TL Oregano,
1 EL Öl, 2 EL geriebener Parmesan

Den Backofen auf 200 °C (Heißluft 180 °C) vorheizen. Blätterteig auftauen und auf einer bemehlten Arbeitsfläche rund ausrollen. Eine Springform (Durchmesser 26 Zentimeter) leicht einfetten und bemehlen. Den Teig hineinlegen. Tomaten kreuzweise einschneiden, mit kochendem Wasser überbrühen, häuten und halbieren, dabei den Stielansatz entfernen. Artischockenherzen senkrecht halbieren. Oliven hacken. Ketchup mit der geschälten, durchgepressten Knoblauchzehe, Salz, Petersilie und Oregano vermengen und auf den Teig streichen. Abwechselnd Tomaten und Artischocken mit der Schnittfläche nach unten auflegen. Oliven dazwischen streuen. Mit Öl beträufeln und mit Parmesan bestreuen. Im Ofen auf der unteren Schiene 30–40 Minuten backen.

Herzhaftes Rührei

Wissenschaftler bezweifeln zwar die positive Wirkung von Eiern auf das Liebesleben, aber die erotische Literatur Griechenlands und Roms enthält unzählige Hinweise auf deren anregende Qualitäten in Speisen und Liebesmitteln. Probieren Sie es selbst aus! Dieses Gericht gibt auf jeden Fall Kraft für den Tag und beflügelt zu kühnen Taten.

2 Eier, 2 EL Sahne, 1 Prise Salz,
1 Fleischtomate, 1 EL Butter,
1 kleine Zwiebel in Würfeln, 1 EL Schinkenwürfel,
1 EL gehackte Petersilie

Die Eier mit Sahne und Salz verquirlen. Tomate kreuzweise einschneiden, mit kochendem Wasser abbrühen und häuten. Den Stielansatz und die Kerne entfernen, das Tomatenfleisch klein würfeln.
Die Butter in der Pfanne zerlassen. Die Zwiebel- und Schinkenwürfel darin kurz anbraten. Eiersahne und Tomatenwürfel dazugeben. Unter Rühren leicht stocken lassen. Petersilie darüber streuen. Wieder umrühren und flaumig weich servieren.

❤ Sehr lecker und stärkend ist folgende Variante: Bratkartoffeln braten und das Eiergemisch wie oben darüber gießen und stocken lassen. Nach Geschmack mit Paprikawürfeln anreichern.

Bunter Quark

250 g Quark, etwas Sahne oder Milch,
1/2 gelbe oder rote Paprika, 1 kleine Gewürzgurke,
Salz, 1 TL grüner Pfeffer, 2 EL klein gehackte Kräuter
(z.B. Petersilie, Schnittlauch, Zitronenmelisse,
Basilikum)

Quark mit Sahne oder Milch glatt, aber nicht zu weich rühren. Paprikaschote von Stielansatz, Samen und Scheidewänden befreien und in Würfel schneiden. Gewürzgurke ebenso klein würfeln. Alle Zutaten gut mit dem Quark vermengen. Mit Salz, Pfeffer und Kräutern pikant würzen.

❤ Mit einem Dillsträußchen garniert sieht der Quark besonders appetitlich aus.

Käsetrüffel

400 g Rahm-Frischkäse (z.B. Philadelphia, Buko), 1 EL Sahne, 2 EL gehackte Petersilie, 1/4 rote Paprikaschote, 1 Ananasscheibe, 1 Scheibe gekochter Schinken, 1 TL grüner Pfeffer, 1 TL Paprikapulver edelsüß, 1 TL gehackte Mandeln, 2 Scheiben Pumpernickel

Den Frischkäse mit der Sahne vermengen. Die Petersilie einarbeiten. Paprikaschote von Stielansatz, Samen sowie Scheidewänden befreien und wie die gut abgetropfte Ananas und den Schinken fein würfeln. Die Käsemasse halbieren. Unter die eine Hälfte Paprikawürfel und grünen Pfeffer mischen, mit Paprikapulver abschmecken. Die andere Hälfte mit Ananas, Schinken und gehackten Mandeln vermengen. Pumpernickel zwischen den Händen zerbröseln. Aus den beiden Käsemassen mit nassen Händen kleine Bällchen formen. Diese rundum in Pumpernickel wälzen.

❤ Anstelle der Sahne können Sie nach Belieben Rum oder Kirschwasser verwenden.

Käse-Obst-Salat

Eine erfrischende, deftige Delikatesse für Ihren ganz besonderen Liebes-Brunch.

Einige knackige Kopfsalatblätter,
100 g Edelschimmelkäse
(z.B. Gorgonzola oder Roquefort),
2 Mandarinen, 1/2 Birne, 1 kleiner Apfel,
4 in Zwetschgenwasser eingelegte
Zwetschgen ohne Stein oder 1 EL Rumtopffrüchte,
6 Kirschen, Saft von 1/2 Zitrone, 1 EL Orangensaft,
1 TL Zucker, 1 Prise Salz, Pfeffer,
1 EL gehackte Petersilie,
1 EL gehackte Zitronenmelisse

Die Salatblätter waschen und trockenschleudern. Eine Platte mit höherem Rand damit auslegen. Käse würfeln oder zerbröseln. Mandarinen schälen und filetieren. Birne und Apfel schälen, vierteln, entkernen und würfeln. Zwetschgen oder Rumfrüchte abtropfen lassen und halbieren. Die Kirschen entsteinen. Die vorbereiteten Früchte vermischen.
Aus Zitronen- und Orangensaft, Zucker, Salz und Pfeffer eine Sauce herstellen. Die Kräuter untermischen. Über die Früchte gießen. Den Salat vorsichtig durchmischen, auf den Salatblättern anrichten und mit dem Edelschimmelkäse bestreuen.

Die Liebe

Die Liebe hemmet nichts;
sie kennt nicht Tür noch Riegel
Und dringt durch alles sich;
Sie ist ohn' Anbeginn,
schlug ewig ihre Flügel
Und schlägt sie ewiglich.

Matthias Claudius

Picknick im Grünen

Packen Sie in einen großen Korb nur kleine Leckereien, die auch bei Hitze nicht verderben. Wunderbar wäre es natürlich, wenn Sie die Getränke in einem kühlen Bach oder Fluss gut temperiert halten könnten. Oder Sie legen alles in eine Kühlbox. Denken Sie auch an eine oder mehrere große Decken, Geschirr, Besteck, Gläser und Servietten. Die Gerichte geben Sie für den Transport am sinnvollsten in gut verschließbare Plastikbehälter oder Gläser, damit nichts auslaufen kann. In der freien Natur unter schattigen Bäumen oder an einem sanft plätschernden Gewässer können Sie wunderbar entspannen und sich erholen. Und noch etwas: Den gut gekühlten Champagner nicht vergessen!

Lachs nach Kapitänsart

2 EL Forellenkaviar, 1 TL Dillspitzen,
1 Spritzer Zitronensaft,
2 EL gesalzene Schlagsahne,
8 Scheiben Räucherlachs,
2 Brötchen, 20 g Butter

Kaviar, Dill und Zitronensaft unter die Sahne heben. Auf jeder Lachsscheibe etwas von der Mischung verstreichen. Zu Tüten rollen und mit Cocktailstickern fixieren. Brötchen in Scheiben schneiden. Die 8 größten davon mit Butter bestreichen und mit jeweils einem Lachsröllchen belegen.

Anregende Champignons

Wild gewachsene Champignons zählen zu den aromatischsten Speisepilzen. Roh gegessen entfalten die Pilze ihre animierende Wirkung am besten.

250 g frische Champignons, 2 EL trockener Weißwein,
4 EL kaltgepresstes Öl, 1 Tropfen Chilisauce,
1 Prise Zucker, Pfeffer, Salz, etwas Zitronensaft

Champignons putzen, in Scheiben schneiden und in eine Schüssel legen. Wein, Öl, Chilisauce, Zucker, Pfeffer, Salz und Zitronensaft vermischen und darüber geben. 3 Stunden kalt stellen und ziehen lassen.

Orientalischer Curryreis

1 Tasse Langkornreis, 2 EL Butter, 1 EL Currypulver,
2 Tassen Brühe, 2 EL gehackte Mandeln,
2 frische Mandarinen (oder 3 Ananasscheiben aus der Dose), 1/2 rote Paprika,
Für die Sauce: 1 EL Sherry, 1 EL Wasser,
2 EL Walnussöl, 1 TL Zitronensaft, Salz, Zucker,
1 EL Schnittlauchröllchen

Den Reis waschen, bis das Wasser klar abläuft. 1 Esslöffel Butter in einem Topf zerlassen. Den Reis darin anschwitzen, mit Curry bestäuben und unter Rühren 1 Minute weitergaren. Mit der Brühe ablöschen. Den Reis ausquellen lassen. Inzwischen die Mandeln in der restlichen Butter rösten.
Alle für die Sauce angegebenen Zutaten verrühren. Mandarinen schälen, filetieren und die Segmente halbieren. Die Ananas klein schneiden und in die Sauce geben. Paprikaschote von Stielansatz, Samen sowie Scheidewänden befreien und ebenfalls würfeln. Alle Salatzutaten vermischen und gut durchziehen lassen.

❤ Sie können diesen anregenden Salat auch noch mit Käsewürfeln und frischen, blättrig geschnittenen Champignons anreichern.

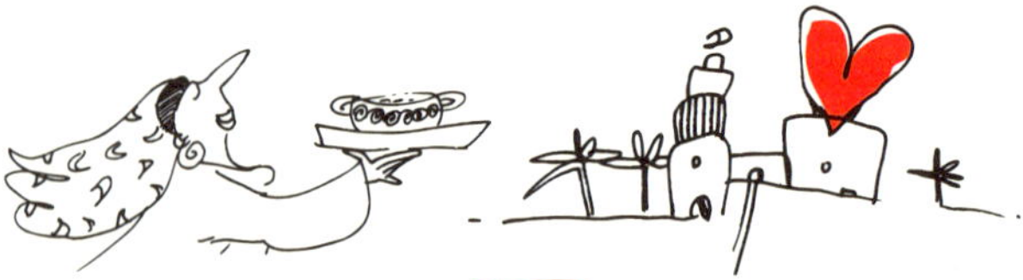

Haremskissen

Sie können die Teigtaschen auch schon am Tag zuvor vorbereiten, damit Sie beim Picknick entspannt auf Ihr Kissen bzw. Ihre Decke sinken dürfen.

4 Scheiben TK-Blätterteig, 2 Hähnchenbrustfilets, Salz, Pfeffer, 2 EL Öl, 4 Scheiben gekochter Schinken, 4 große Scheiben Gouda, 1 EL Senf, 1 Ei

Den Backofen auf 225 °C (Heißluft 180–200 °C) vorheizen. Die Blätterteigplatten auftauen lassen. Einzeln etwas größer als die Hähnchenbrustfilets ausrollen. Dieses salzen, pfeffern und in Öl rundum leicht braun braten, abkühlen lassen.
Zwei der Teigplatten mit je einer Scheibe Schinken und Käse belegen. Das Fleisch darauf geben und mit etwas Senf bestreichen. Mit je einer weiteren Scheibe Käse und Schinken belegen.
Das Ei trennen und die Ränder der belegten Teigplatten mit verquirltem Eiweiß bestreichen. Jeweils eine zweite Teigplatte darauf legen und an den Rändern fest andrücken. Auf ein mit Wasser bespritztes Blech setzen und mit verquirltem Eigelb bestreichen. Im Backofen 30–40 Minuten garen.

- ❤ Dazu schmeckt die Joghurtsauce (Rezept S. 11) besonders gut.
- ❤ Die Haremskissen lassen sich gut in Alufolie verpackt transportieren. Die Sauce extra in ein verschließbares Behältnis füllen.

Käsedolmas

Bei der Empfehlung für die aphrodisische Verwendung von Rosmarin wird seine beruhigende Wirkung hervorgehoben. Wer entspannt ist, kann seine Sinne weit öffnen und sich voll auf das Geschehen um sich herum einlassen.

10 Weinblätter aus dem Glas, 100 g Frischkäse,
2 EL Sahne, 50 g Schinkenwürfel, 1 Zwiebel,
1 Zweig Rosmarin, 2 EL gehackte Haselnüsse

Die Weinblätter waschen und trockentupfen. Frischkäse mit Sahne glatt rühren. Schinkenwürfel im Mixer zerkleinern. Zwiebel schälen und fein würfeln. Den Rosmarin waschen und trockentupfen. Die Nadeln abzupfen und klein hacken. Schinken, Zwiebel, Rosmarin und Nüsse unter die Käsecreme mischen. Auf jedes Weinblatt ein wenig Füllung geben. Die Blätter zu Päckchen zusammenfalten und fest andrücken.

Das Schönste

Ich flüchte
in dein Zauberzelt
Liebe

im atmenden Wald
wo Grasspitzen
sich verneigen

weil
es nichts Schöneres gibt

Rose Ausländer

Intimes Kaffeestündchen

Zu den Aphrodisiaka für die Kaffeezeit gehören vor allem jede Art von Nüssen, Schokolade und frisches Obst. Sie bringen verbrauchte Kräfte zurück und beleben Körper und Geist.

Engadiner Nusstorte

Diese Torte ist eine schweizerische Delikatesse, schnell zubereitet, tagelang haltbar und verführerisch lecker wie ein Riesen-Praliné.

Für den Mürbeteig: 100 g Butter, 100 g Zucker, 1 Prise Salz, 1 Ei, 200 g Mehl
Für die Füllung: 20 g Butter, 200 g Zucker, 200 g grob gehackte Walnüsse, 1/8 l Sahne, 1 Eigelb

Für die Füllung Butter in einem Topf zerlassen, Zucker einrieseln und unter Rühren karamellisieren lassen. Walnüsse und Sahne zugeben und die Mischung zum Kochen bringen. Lauwarm abkühlen lassen.
Inzwischen den Backofen auf 200 °C (Heißluft 180 °C) vorheizen. Eine Springform (18 Zentimeter Durchmesser) mit Backpapier auslegen.
Aus Butter, Zucker, Salz, Ei und Mehl einen Mürbeteig kneten. Knapp 2/3 des Teiges ausrollen und den Boden der Form damit belegen, den Rand ca. 2 Zentimeter hochziehen. Die Füllung auf dem Teig verstreichen. Den restlichen Teig auf Tortengröße ausrollen und als Deckel auf die Füllung legen. Die Ränder herunterklappen und mit einer Gabel fest an die Teigdecke drücken. Die Oberfläche mit verquirltem Eigelb bestreichen und die Torte 30–40 Minuten auf der unteren Schiene backen.

❤ Ein Schuss Rum gibt der Nussfüllung eine besonders feine Note!

Mini-Obstkuchen

Kirschen versüßen das Leben, sagt man. Warum wollen Sie sich nicht gemeinsam für ein paar Stunden diesem Traum hingeben?

Für den Teig: 60 g Butter, 45 g Zucker,
1 TL Vanillezucker, 1 Eigelb, 125 g Mehl
Für den Belag: 50 g Marzipanrohmasse,
je 1 EL Kirschwasser und Zuckersirup,
1 Glas Sauerkirschen, 1 Tütchen roter Tortenguss
Für den Guss: 2 Eigelb, 40 g Zucker,
1 EL flüssige Butter, 20 g gemahlene Mandeln,
1 EL Kirschwasser, 2 Eiweiß

Den Backofen auf 220 °C (Heißluft 200 °C) vorheizen. Die für den Teig angegebenen Zutaten verkneten. Zwei Springformen (je 18 Zentimeter Durchmesser) mit Backpapier auslegen. Den Teig teilen, passend ausrollen und die Böden der Formen damit auslegen. In ca. 10 Minuten hellbraun backen.
Für den Belag Marzipan, Kirschwasser und Sirup verrühren. Die Sauerkirschen abtropfen lassen. Knapp 1/4 Liter Saft auffangen und mit dem Tortenguss zum Kochen bringen. Kirschen unterheben und leicht abkühlen lassen.
Einen der gebackenen Böden aus der Form nehmen. Den anderen Boden in der Form mit der Marzipanmasse bestreichen. Den zweiten Boden aufsetzen, leicht andrücken und mit einer dicken Schicht Kirschen belegen.

Für den Guss Eigelbe und Zucker schaumig schlagen und nach und nach die flüssige Butter einlaufen lassen. Mandeln und Kirschwasser zufügen. Eiweiße gesondert steif schlagen. Unter die Schaummasse heben und auf die Kirschen streichen. Auf der mittleren Schiene ca. 15 Minuten backen, danach sollte der Guss goldbraun ist.

Marzipanbeutelchen

300 g TK-Blätterteig, 200 g Marzipanrohmasse,
75 g Puderzucker, 100 g gemahlene Mandeln,
1/8 l Sahne, 1 Msp. Zimt, 2 Tropfen Bittermandelöl,
1 Spritzer Zitronensaft, 1 Ei

Den Backofen auf 220 °C (Heißluft 200 °C) vorheizen. Blätterteigplatten nebeneinander auftauen lassen. Zu langen Rechtecken ausrollen und einmal durchschneiden, so dass Quadrate entstehen. Alle übrigen Zutaten, mit Ausnahme des Eis, verrühren. Aus der Masse kleine Bällchen formen und auf die Quadrate setzen. Das Ei trennen. Die Teigränder mit verquirltem Eiweiß einpinseln. Teigspitzen nach oben schlagen, so dass kleine Beutel entstehen. Ringsherum mit Eigelb bestreichen. Auf ein mit Wasser bespritztes Blech setzen und in 15–20 Minuten goldgelb backen.

Zitronenschnitten

Sauer macht nicht nur lustig, sondern wirkt auch erfrischend und belebend. Mit Zitronen kommt ein Hauch von der Atmosphäre des sonnigen Südens auch zu uns. Diese Zitronenschnitten haben es in sich!

2 Platten TK-Blätterteig, 50 g Zucker,
100 g gemahlene Mandeln, 2 Eigelb,
1 unbehandelte Zitrone,
2–3 EL Zitronengelee oder -marmelade

Den Backofen auf 220 °C (Heißluft 200 °C) vorheizen. Blätterteig auftauen lassen. Zu doppelter Länge ausrollen. Zucker, Mandeln und 1 Eigelb verrühren. Von 1/2 Zitrone die Schale abreiben und die ganze Frucht danach auspressen. Schale und Saft unter die Füllung rühren. Eine Teigplatte auf das mit Wasser bespritzte Backblech legen und in der Mitte mit der Füllung bestreichen. Ränder mit etwas Eigelb bepinseln. Die zweite Platte auflegen und an den Rändern gut andrücken. Das restliche Eigelb auf die Deckelplatte streichen. 15 Minuten goldbraun backen. Gelee erwärmen und glatt rühren. Das noch warme Gebäck damit bepinseln. Ausgekühlt in Streifen schneiden.

Rüdesheimer Eiskaffee

4 TL Instant-Kaffeepulver, 2 cl Weinbrand, Würfelzucker, Vanilleeis, 1/2 l Sahne, 1 TL Zucker, 1/2 TL Vanillezucker, 1 EL geraspelte Schokolade

Den Instant-Kaffee in wenig heißem Wasser auflösen. Mit Eiswürfeln und 3/8 Liter kaltem Wasser auffüllen und in den Kühlschrank stellen. Er muss rasch abkühlen, damit er nicht bitter schmeckt.
Den Weinbrand im heißen Wasserbad erwärmen. In jedes (feuerfeste!) Trinkglas 2 Stückchen Würfelzucker geben. Diese mit Weinbrand tränken und flambieren. Je 2 Kugeln Vanilleeis hineingleiten lassen und mit dem kalten Kaffee auffüllen. Die Sahne mit Zucker und Vanillezucker steif schlagen und als Häubchen auf den Eiskaffee setzen. Mit Schokoladenraspeln bestreuen.

Holländischer Kaffee

Kaffee nach Belieben, Eierlikör nach Belieben, 1/8 l Sahne, 1 TL Zucker, 1/2 TL Vanillezucker, 1/2 TL Kakaopulver

Einen starken Kaffee kochen und in Tassen füllen. Statt Milch Eierlikör dazugeben. Sahne mit Zucker und Vanillezucker steif schlagen. Auf jede Tasse Kaffee ein Sahnehäubchen setzen und mit Kakao bestäuben.

Flensburger Kaffee

1/2 l starker Kaffee, 1/4 l heißer Kakao, 8–10 cl Rum

Alle Zutaten in einen Topf füllen und bis kurz vor dem Siedepunkt erhitzen, aber nicht kochen lassen. Sehr heiß servieren.

❤ Sie können auch etwas Sahne in Ihre Tasse gießen, mit dem Kaffee auffüllen und einmal umrühren.

Russische Schokolade

Die Minze war ursprünglich im Mittelmeerraum zu Hause, bevor sie auch bei uns heimisch wurde. Sie gilt als belebendes Liebeskraut, das gleichzeitig den Appetit anregt. In Verbindung mit Kakao und Wodka ein unvergleichliches Geschmackserlebnis.

2 Trinkbecher Milch, 1 1/2 EL dunkles Kakaopulver, 1 TL Zucker, 4 cl Wodka, 2 Tupfer geschlagene Sahne, 2 kleine Minzeblättchen

Die Milch erhitzen und mit Kakao und Zucker verrühren. Bis kurz vor dem Siedepunkt erwärmen, aber nicht kochen lassen. Den Wodka auf 2 Trinkbecher verteilen. Mit dem heißen Kakao übergießen. Auf jeden Becher ein Sahnehäubchen setzen und mit je einem Pfefferminzblättchen dekorieren.

Dich

Dich nicht näher denken
und dich nicht weiter denken
dich denken wo du bist
weil du dort wirklich bist

Dich nicht älter denken
und dich nicht jünger denken
nicht größer nicht kleiner
nicht hitziger und nicht kälter

Dich denken und mich nach dir sehnen
dich sehen wollen
und dich liebhaben
so wie du wirklich bist

Erich Fried

Teatime

Um 17 Uhr ist in England „teatime“. Dort hat sie heute noch ihre größte Anhängerschaft. Doch auch bei uns findet das Teetrinken immer mehr Liebhaber. Kein Wunder, denn zu jeder Jahreszeit wirkt eine Teepause wunderbar entspannend und belebend. Am schönsten ist sie selbstverständlich zu zweit. Genießen Sie die Zeit an einem schön gedeckten Tisch, je nach Jahreszeit im Garten, an einem gemütlichen Platz in Ihrer Wohnung, vor dem Kamin oder wo immer Sie sich wohl fühlen.
Tee ist stark aphrodisierend. Grüner Tee wirkt besonders intensiv. Er darf nicht mit kochendem, sondern nur mit ca. 80 °C heißem Wasser zubereitet werden und kann nach Geschmack 3–5 Minunten ziehen. Schwarzer Tee dagegen sollte spätestens nach 3 Minuten entnommen werden, damit er seine anregende Wirkung nicht verliert.

Liebeséclairs

Für fortgeschrittene Köchinnen und Köche – ein echter Liebesbeweis!

Für den Teig: 60 g Butter, 1 Prise Salz, abgeriebene Schale von 1/2 Zitrone, 200 g Mehl, 4 Eier
Für die Füllung: 1/4 l Sahne,
2–3 EL Preiselbeeren aus dem Glas
Für den Guss: 1 Tasse Puderzucker,
einige Tropfen Zitronensaft
Außerdem: Öl für das Blech

Den Backofen auf 220 °C (Heißluft 200 °C) vorheizen. Für den Teig 1/4 Liter Wasser, Butter, Salz und Zitronenschale zum Kochen bringen. Mehl auf einmal dazuschütten. Mit dem Schneebesen so lange rühren, bis ein Kloß entstanden ist. Rühren, bis sich am Topfboden ein weißer „Pelz" absetzt. In eine Rührschüssel füllen. Mit dem Schneebesen die Eier einzeln einarbeiten, bis ein weicher Teig entstanden ist.
In einen Spritzbeutel füllen. Fingerlange Streifen mit Abstand auf ein geöltes Backblech spritzen. Auf der mittleren Schiene etwa 20 Minuten backen. Währenddessen die Ofentür nicht öffnen, die Eclairs fallen leicht zusammen. Sofort nach dem Backen aufschneiden. Für die Füllung Sahne steif schlagen, Preiselbeeren unterheben und auf die unteren Hälften des Gebäcks spritzen. Aus Puderzucker und Zitronensaft einen Zuckerguss herstellen, die oberen Hälften damit bestreichen und als Deckel aufsetzen. Frisch servieren.

Teebrötchen

250 g Mehl, 15 g Hefe, 3 EL Milch, 60 g Butter,
1 Ei, 40 g Zucker, 1 Prise Salz,
50 g Rosinen (nach Belieben), 1 Eigelb,
Hagelzucker zum Bestreuen

Das Mehl in eine Schüssel sieben. In die Mitte eine Kuhle drücken. Hefe hineinbröckeln und mit lauwarmer Milch und etwas Mehl zu einem Vorteig verrühren. 15 Minuten zugedeckt gehen lassen.
Den Backofen auf 200 °C (Heißluft 180 °C) vorheizen. Lauwarm zerlassene Butter mit Ei, Zucker und Salz zum Vorteig geben und alles zu einem glatten Teig verkneten. Nach Belieben die Rosinen einarbeiten. Kräftig durchkneten, kleine Bällchen formen und auf ein mit Backpapier ausgelegtes Blech setzen. Zugedeckt bis zur doppelten Größe gehen lassen.
Die Brötchen mit verquirltem Eigelb bestreichen und mit Hagelzucker bestreuen. Auf der mittleren Schiene in etwa 30 Minuten goldgelb backen.

❤ Servieren Sie die Brötchen noch warm und bestreichen Sie sie nach englischer Sitte mit Butter und guter englischer Marmelade, z.B. aus Orangen, Zitronen oder roten Früchten.

Andalusischer Teekuchen

Lassen Sie sich mit diesem Kuchen nach Andalusien versetzen, wo Granatäpfel, Orangen und Zitronen in großen Hainen, auf Plätzen und in den wunderschönen Patios wachsen.

Für den Teig: 250 g Butter, 250 g Zucker, 3 Eier, 4 Eigelb, 100 g Mehl, 100 g Speisestärke, abgeriebene Schale und Saft von 2 großen ungespritzten Orangen, 1 EL Zitronensaft, 2 cl Orangenlikör, 100 g gemahlene Mandeln
Zum Befeuchten: 1/2 Glas Orangenmarmelade, Rest des oben genannten Orangensaftes
Außerdem: Butter und Mehl für die Form

Den Backofen auf 180 °C (Heißluft 160 °C) vorheizen. Butter, Zucker, Eier und Eigelbe schaumig schlagen. Mehl und Stärkemehl esslöffelweise unterrühren. Orangenschalen, 2 Esslöffel Orangensaft, Zitronensaft, Likör und Mandeln unterheben. Teig in eine gefettete und mit Mehl ausgestäubte Kastenform füllen. Auf der unteren Schiene 90 Minuten backen. Stäbchenprobe machen!
Die Ränder des Kuchens mit einem Messer von der Form lösen, aber den Kuchen in der Form belassen. Orangenmarmelade und den restlichen Orangensaft erwärmen und glatt rühren. Mit einem Stäbchen viele Male in den Kuchen stechen und die Flüssigkeit esslöffelweise hinträufeln, bis er sich vollgesogen hat.

Sandwiches

Sandwiches sind zur „teatime“ immer sehr willkommen. Je nach Geschmack können Sie dazu Toasts herzhaft (z.B. mit Käse, Aufschnitt oder Kräuterbutter) oder süß (z.B. mit Marmelade, Honig oder Schokoladenplättchen) servieren. Eine besondere Empfehlung sind die Varianten mit Orangen- oder Eierbutter auf warmem Toastbrot. Hier sind die Rezepte:

Eierbutter

2 hart gekochte Eier,
Salz, Pfeffer, 1 EL gehackte Petersilie,
125 g weiche Butter

Die Eier würfeln und mit einer Gabel zerdrücken, mit Salz und Pfeffer würzen. Mit Petersilie in die Butter kneten. Alles in ein kleines Buttertöpfchen streichen.

❤ Evtl. zusätzlich zerdrückte Eier einarbeiten. Wenn Sie möchten, können Sie es sich mit fertig gewürzter Butter aus dem Handel leichter machen.

Orangenbutter

1 ungespritzte Orange,
125 g weiche Butter, 1 TL roter Pfeffer,
1 EL trockener Sherry

Orangenschale hauchdünn abschälen, in Streifen schneiden und in einem Topf mit etwas Wasser blanchieren. Danach kalt abspülen. Butter mit Orangenschale, etwas Orangensaft, Pfeffer und Sherry gut verkneten. Wenn sich dabei wieder etwas Flüssigkeit absetzt, ist dies nicht schlimm, denn das verleiht zusätzlichen Geschmack. In ein kleines Buttertöpfchen streichen.

Sommerlicher Eistee

1/2 l frisch gekochter schwarzer Tee,
500 g Himbeeren, 1 EL Zucker,
Saft von 1 Zitrone, 1/2 Flasche Sekt

Den frisch gekochten schwarzen Tee zum raschen Abkühlen mit Eiswürfeln in den Kühlschrank stellen, damit er keinen faden Geschmack gekommt.
Himbeeren säubern und mit Zucker bestreuen. Saft ziehen lassen. Kurz vor dem Servieren alle Zutaten gut gekühlt in ein Bowlengefäß gießen und umrühren.

❤ Sie können den Tee anstelle von frischen Himbeeren auch mit Himbeersaft aromatisieren.

Teepunsch

1 Teeschale Rosinen, 1 Teeschale weißer Rum,
2 Teeschalen Orangensaft,
1/2 l heißer leichter Rotwein,
1/2 l frisch gekochter schwarzer Tee

Am Vortag die Rosinen waschen und über Nacht in Rum einlegen. Am nächsten Tag zusammen mit dem Orangensaft in eine Teekanne geben. Auf einem Stövchen erwärmen. Kurz vor dem Servieren mit heißem Rotwein und Tee übergießen.

Dämmerstunde

Im Sessel du, und ich zu deinen Füßen,
Das Haupt zu dir gewendet, saßen wir;
Und sanfter fühlten wir die Stunden fließen,
Und stiller ward es zwischen mir und dir;
Bis unsre Augen ineinander sanken
Und wir berauscht der Seele Atem tranken.

Theodor Storm

Happy Hour

Happy Hour – das ist die Zeit zwischen Kaffee und Abendbrot, also der Auftakt zu einem gemütlichen Abend. Servieren Sie „leichte“ Getränke und kleine, ausgefallene Köstlichkeiten, die Sie zum Drink, stehend oder sitzend, „von der Hand in den Mund“ genießen können. Damit die Häppchen stimulierend wirken, aber nicht allzu satt machen, ist eine geschickte Auswahl nötig. Bei den Getränken sind „reine“ Getränke wie Sherry, Sekt und Saft oder leichte, frisch gemixte Cocktails zu empfehlen.

Mango-Traum

Mangos und Sekt sind ideale Aphrodisiaka. Ihre belebende Wirkung ist schnell spürbar.

3 Mangos, 3 cl Pfirsichlikör, 1 Pikkoloflasche Sekt,
frisch gemahlener schwarzer Pfeffer

Mangos schälen, entkernen und pürieren. Mit Pfirsichlikör übergießen und mit Sekt auffüllen. Etwas schwarzen Pfeffer aus der Mühle darüber mahlen.

Portugiesische Überraschung

Zimt und Orangen wurden schon von den Ägyptern und Römern in der Liebesküche und als Grundlage für Kosmetika verwendet.

1 unbehandelte Orange, 6 Stangen Zimt,
100 g brauner Zucker, Weinbrand im Verhältnis
1:1 zum Orangensaft, 1 Flasche trockener Sekt

Die Orange hauchdünn schälen, danach auspressen. Schale und Saft mit Zimtstangen, Zucker und Weinbrand 2 Tage ziehen lassen. Durchseihen, etwas davon in Sektgläser füllen und mit Sekt aufgießen. Mit einem Trinkhalm verrühren.

Grüne Verführung

2 Orangen, 4 cl Blue Curaçao,
1 Pikkoloflasche Sekt oder Mineralwasser

Die Orangen auspressen. In zwei hohe Gläser je etwas Curaçao und Orangensaft geben. Mit Sekt oder Mineralwasser auffüllen.

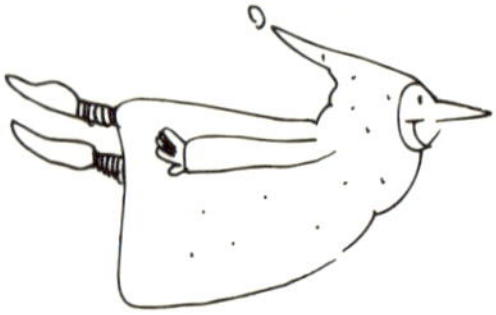

Prickeldrink

Pfefferminzblätter wirken erfrischend und anregend.

6 Pfefferminzblätter, 4 cl Apfelsaft,
4 cl weißer Traubensaft, 1 cl Zitronensaft,
1 Flasche Mineralwasser

Pfefferminzblätter waschen, trockentupfen und klein zupfen. Auf zwei hohe Gläser verteilen, mit den Säften und dem Mineralwasser auffüllen.

Forellenpastete auf Canapés

500 g küchenfertige Forellen, 1 Bund Suppengrün, 1 TL Salz, 1 Päckchen gemahlene weiße Gelatine, 100 g Kräuterfrischkäse, 1/8 l Sahne, 1 EL grüner Pfeffer, 4 Toastscheiben, etwas Butter

Die Forellen waschen und trockentupfen. Suppengrün waschen, putzen und mit 1–1 1/2 Liter gesalzenem Wasser zum Kochen bringen. Die Hitze herunterstellen, die Forellen einlegen und in 10–12 Minuten gar ziehen lassen, nicht kochen. Die Fische sind gar, wenn sich die Rückenflosse herausziehen lässt. Forellen aus dem Sud heben und leicht abkühlen lassen. Den Fischfond beiseite stellen. Die Filets herauslösen und sorgfältig von den Gräten befreien.
Gelatine nach Packungsangabe zum Quellen ansetzen. Forellenfleisch und Frischkäse mit Sahne und etwas Fischfond pürieren. In die cremige Masse grünen Pfeffer rühren. Aufgelöste Gelatine vorsichtig mit einem Schneebesen unter die Creme rühren. Kleine Ragoût-fin-Töpfchen oder eine Kastenform am Boden mit Alufolie oder Butterbrotpapier auslegen. Die Creme einfüllen und etwa 2 Stunden zugedeckt im Kühlschrank stocken lassen.
Toastscheiben entweder rund ausstechen oder vierteln. Mit wenig Butter bestreichen. Pastete aus den Töpfchen bzw. aus der Form lösen und in 1 Zentimeter dicke Scheiben schneiden. Auf die Brotscheiben legen.

Sellerie-Schiffchen

Die Schärfe des Pfeffers wirkt stimulierend und stärkend, vor allem frisch gemahlen. Und schon die schöne Nymphe Kalypso pflegte ihrem Liebsten Odysseus mit Vorliebe Sellerie zu servieren. Kein Wunder, dass er sich fast zehn Jahre lang in ihren Armen von seiner beschwerlichen Irrfahrt ausruhte!

2 zarte weiße Stängel Staudensellerie,
30 g Butter, 100 g Blauschimmelkäse
(z.B. Roquefort oder Gorgonzola),
Salz, frisch gemahlener weißer Pfeffer,
1 kleine Chilischote, 1 EL fein gehackte Petersilie

Den Staudensellerie waschen, putzen und in 6 Zentimeter lange Stücke schneiden. Butter und Schimmelkäse schaumig rühren, mit Salz und Pfeffer würzen. Die Käsemischung in einen Spritzbeutel geben und damit in die Vertiefungen der Selleriestückchen spritzen. Die Chilischote fein würfeln. Die Käsecreme sparsam damit bestreuen und mit Petersilie garnieren.

Russische Piroggen

Für den Teig: 150 g Mehl, 1 Prise Salz, 75 g eiskalte Butter, 50 g eiskaltes Schmalz, 2 EL Eiswasser
Für die Füllung: 1/2 rote Paprikaschote, 1 kleine Gewürzgurke, 1 Zwiebel, 1 hart gekochtes Ei, 200 g Hackfleisch, Salz, grüner Pfeffer,
Außerdem: 1 Eigelb, 1 TL Milch zum Bestreichen, Butter und Mehl für das Blech

Für den Teig Mehl und Salz vermischen. Butter und Schmalz mit zwei Messern hacken und untermischen. Mit Eiswasser zu einem glatten Teig verkneten. Ausrollen und zweimal zusammenschlagen, so dass dabei drei Schichten entstehen. In Klarsichtfolie wickeln und in den Kühlschrank stellen. Nach 15 Minuten wieder ausrollen und noch einmal wie beschrieben zusammenlegen. Erneut im Kühlschrank ruhen lassen.
Inzwischen für die Füllung Paprikaschote von Stielansatz, Samen und Scheidewänden befreien. Wie Gurke, Zwiebel und gepelltes Ei fein hacken. Die gehackten Zutaten mit Hackfleisch, Salz und Pfeffer vermischen. Backofen auf 200 °C (Heißluft 180°C) vorheizen.
Den Teig dünn ausrollen. Mit einem großen Glas Kreise ausstechen. Jeweils in die Mitte etwas Fleischfüllung geben. Eigelb und Milch verquirlen und die Teigränder damit bestreichen. Die Teigkreise zu Halbmonden zusammenschlagen, die Ränder fest andrücken. Mit Eigelbmilch bepinseln. Die Piroggen auf ein mit Butter gefettetes und bemehltes Blech setzen und in ca. 20 Minuten goldgelb backen.

Gebackene Champignons

500 g Champignons, 2 Eier, Salz, Pfeffer, 2 EL Mehl, 5 EL Paniermehl, 200 g Pflanzenöl

Die Champignons mit Küchenkrepp abreiben und putzen. Eier in einem tiefen Teller verschlagen und mit Salz und Pfeffer würzen. Mehl und Paniermehl ebenfalls in tiefe Teller füllen. Pilze erst in Mehl, dann in Ei und zuletzt in Paniermehl wenden. In reichlich Fett rundherum goldbraun ausbacken und warm servieren.

❤ Wer mag, kann dazu eine Joghurtsauce (siehe S. 11), Oliven oder Cocktailwürstchen reichen.

Holländisches Käsegebäck

150 g frisch geriebener mittelalter Gouda,
150 g Mehl, 50 g Butter,
1 Prise Salz, 1 EL Paprikapulver, 2 EL Sahne,
2 Eigelb zum Bestreichen

Den Backofen auf 220 °C (Heißluft 200 °C) vorheizen. Die Eigelbe verquirlen. Alle übrigen Zutaten zu einem glatten Teig verkneten. Sehr dünn zu einem Rechteck ausrollen. Die Teigplatte mit etwas Eigelb bestreichen, fest aufrollen und in dünne Scheiben schneiden. Auf einem mit Backpapier ausgelegten Backblech verteilen. Die Plätzchen mit dem restlichen Eigelb bestreichen und 10 Minuten im Backofen goldbraun backen.

ICH WUSSTE, SIE IST IN DER KÜCHEN,
Ich bin ihr leise nachgeschlichen.
Ich wollt' ihr ew'ge Treue schwören
Und fragen, willst du mir gehören?
Auf einmal aber stutzte ich.
Sie kramte zwischen dem Gewürze;
Dann schneuzte sie und putzte sich
Die Nase mit der Schürze.

Wilhelm Busch

Dinner for two

Beim Dinner for two spielen nicht nur die Gerichte, sondern auch das Drumherum eine wichtige Rolle. Ein liebevoll gedeckter Tisch und leise Musik – das kann der Auftakt eines besonderen Abends sein.
Verwöhnen Sie Ihren Schatz mit Gerichten, die den Magen nicht allzu sehr belasten. Am besten servieren Sie kleine Portionen, aus animierenden Zutaten komponiert und sinnenfreudig dekoriert.
Die folgenden Menüs werden jeweils schon in der Küche portioniert, so dass die Tischdekoration nicht lästigen Schüsseln und Platten weichen muss. Besonders hübsch wirken Platzteller, auf die man die verschiedenen Gedeckteller stellt.
Im Sommer werden leichte, erfrischende Gerichte bevorzugt und im Winter soll das Menü den Magen wohlig wärmen.

Wintermenü:

Geräucherte Entenbrust mit Feldsalat
und Roquefortsauce
Pekinglikör
Seezungenröllchen in Weißweinsauce
Sekt Surprise
Wildschweinrouladen
Fenchelgratin
Zimtparfait mit Himbeeren

Geräucherte Entenbrust mit Feldsalat und Roquefortsauce

Die Ente war schon bei den Römern sehr beliebt. Sie verspeisten allerdings nur ihre Brust und das Hirn, weil alles andere ihnen zu zäh war. Liebhaber ziehen die Wildenten den Zuchttieren vor, weil sie intensiver im Geschmack sind.

50 g Feldsalat, 1 EL Roquefortkäse,
1 TL Zitronensaft, 1/8 l Sahne, 1 Prise Salz, Pfeffer,
8 hauchdünn geschnittene geräucherte
Entenbrustscheiben

Den Feldsalat putzen, waschen und trockenschleudern. Roquefort mit Zitronensaft und Sahne glatt rühren, salzen und pfeffern. Je 4 Scheiben Entenbrust fächerförmig auf einen Teller legen. Daneben den Feldsalat platzieren und diesen mit der Sauce beträufeln.

❤ Damit Sie die Entenbrust besser schneiden können, lassen Sie sie am besten kurz im Tiefkühlgerät anfrieren.

Pekinglikör

Als „Likör“ bezeichnen die Chinesen eine stark konzentrierte, mild abgeschmeckte Rindfleischbrühe. Sie steckt voller belebender Energie. Und die Petersilie, deren aphrodisische Eigenschaften bereits von den alten Griechen und Römern geschätzt wurden, trägt ein Übriges zur Wirkung bei.

1 Beinscheibe, 2 Markknochen,
1 Bund Suppengrün, 1 TL Salz, 2 cl trockener Sherry,
Pfeffer, 2 EL gehackte Petersilie

Fleisch und Knochen waschen und trockentupfen. Suppengrün waschen und putzen. Alles in einem Topf mit kaltem Wasser bedecken und salzen. Zum Kochen bringen und den Schaum, der sich dabei bildet, wiederholt abschöpfen. Danach 3–4 Stunden mehr ziehen als kochen lassen. Danach sollte die Flüssigkeit auf 1/2 Liter eingekocht sein. Die Suppe durchseihen. Mit Sherry, Salz und Pfeffer würzen. Sehr heiß in kleine Tassen füllen. Mit gehackter Petersilie bestreuen und servieren.

- Im Sommer schmeckt der „Likör“ auch eisgekühlt.
- Die Suppe wird noch kraftvoller, wenn Sie eine Petersilienwurzel putzen, würfeln und die letzten 5 Minuten mitkochen lassen.
- Sie können auch holländisches Käsegebäck dazu servieren (Rezept S. 52).

Seezungenröllchen in Weißweinsauce

2 Seezungenfilets, Saft von 1/2 Zitrone,
1/2 l Brühe, Salz, Pfeffer
Für die Sauce: 1 Eigelb, 1 EL Weißwein,
1 TL Brühe, 75 g Butter, Salz, weißer Pfeffer,
1 EL gehackte Petersilie, 1/2 Zitrone

Die Seezungenfilets der Länge nach halbieren, aufrollen und mit Zahnstochern in Form halten. Mit Zitronensaft beträufeln und 10 Minuten säuern, damit das Fleisch fest wird. Die Brühe erhitzen. Röllchen hineingeben. 5 Minuten darin ziehen, aber nicht kochen lassen. Danach die Röllchen herausnehmen, salzen, pfeffern und im Ofen warm halten.
Für die Sauce Eigelb mit Weißwein und Brühe in eine Schüssel geben. Über einem heißen Wasserbad cremig aufschlagen. Nach und nach die Butter zugeben und weiterrühren, salzen und pfeffern. Auf jeden Teller einen „Saucenspiegel" gießen, je zwei Seezungenröllchen darauf setzen. Mit gehackter Petersilie bestreuen und mit Zitronenachteln garnieren.

❤ Dazu können Sie Blätterteig-Fleurons oder Toastbrotecken reichen.

Sekt Surprise

Griechen und Römer waren große Feigenliebhaber, was sicher nicht nur auf den außergewöhnlichen Geschmack dieser Früchte zurückzuführen ist, sondern auch auf ihre aphrodisierende Wirkung. Und trugen nicht schon Adam und Eva ein Feigenblatt ...? An dieser Stelle im Menü dient der Sekt Surprise als Intermezzo bzw. als Übergang zum nachfolgenden Gericht.

1 Feige, 2 Stückchen Würfelzucker,
Angostura, 1 Pikkoloflasche Sekt

Die Feige in Scheiben schneiden. Den Würfelzucker in zwei Cocktailgläser geben. Je 4 Tropfen Angostura darüber träufeln. Darauf jeweils 1 Feigenscheibe legen und mit Sekt auffüllen. Die Gläser am Rand jeweils mit einer eingeschnittenen Feigenscheibe verzieren.

Wildschweinrouladen

2 kleine, dünn geschnittene Wildschweinrouladen aus der Keule, frisch gemahlener schwarzer Pfeffer, edelsüßes Paprikapulver, 2 dünne Scheiben geräucherter Bauchspeck, 10 Trockenpflaumen, 1 kleine Zwiebel, 1 EL Schmalz, 1 Tasse Brühe, 1 Zweig Rosmarin, 1 Tasse Rotwein, 1 EL saure Sahne, 1 EL dunkler Fix-Saucenbinder
Außerdem: Rouladennadeln oder Garn zum Binden

Die Rouladen mit Pfeffer und Paprika einreiben. Jede mit Speck und 2–3 Trockenpflaumen belegen. Die Rouladen aufrollen, feststecken oder zusammenbinden. Zwiebel schälen und klein würfeln.
Schmalz in einem Bräter zerlassen. Das Fleisch rundherum darin anbraten. Zwiebelwürfel zufügen und kurz mitbraten. Mit Brühe ablöschen, Rosmarin zugeben und das Fleisch bei geschlossenem Topf 1 Stunde schmoren lassen.
In der Zwischenzeit die restlichen Pflaumen in Rotwein quellen lassen. Nach Ende der Garzeit zu den Rouladen geben und 15 Minuten mitschmoren. Rouladen, Pflaumen und Rosmarinzweig aus dem Topf nehmen. Die Rouladen von Garn oder Nadeln befreien und mit den Pflaumen warm stellen.
Die Sauce mit saurer Sahne verquirlen und mit Fix-Saucenbinder andicken. Einen Teil der Sauce über die Rouladen gießen, den Rest extra dazu reichen.

Fenchelgratin

Schon im Kamasutra wird Fenchel als himmlisches Mittel gerühmt, die Manneskraft zu fördern.

3 kleine Fenchelknollen, Salz, Saft von 1/2 Zitrone,
1 TL Butter, 1 EL Mehl, 1/2 TL gekörnte Brühe,
1 EL Sahneschmelzkäse, 1 EL Crème fraîche,
1 Prise Zucker, frisch gemahlener Pfeffer,
50 g geriebener Gouda
Außerdem: Butter für die Form

Die Fenchelknollen putzen, das Grün beiseite legen. Knollen senkrecht halbieren, Wurzelansätze keilförmig herausschneiden.
1/2 Liter Salzwasser mit Zitronensaft zum Kochen bringen. Fenchelhälften darin bissfest garen. Herausheben und den Sud beiseite stellen.
Den Backofen auf 250 °C (Heißluft 230 °C) vorheizen. Eine kleine Auflaufform mit Butter ausstreichen. Fenchelhälften mit der Schnittfläche nach unten nebeneinander hineinlegen. Die Butter in einem Topf aufschäumen, mit Mehl bestäuben und glatt rühren. Den Fenchelsud angießen und die Brühe einstreuen. Zu einer dicken Sauce einkochen lassen. Schmelzkäse und Crème fraîche einrühren. Mit Zucker, Salz und Pfeffer abschmecken und die Sauce über den Fenchel gießen. Mit Gouda bestreuen und im Backofen 10 Minuten überbacken. Das Fenchelgrün hacken und das Gratin damit bestreuen.

Zimtparfait mit Himbeeren

Die Himbeere gehört zu den aromatischsten Beerenfrüchten. Sie stammt aus Asien, wo es auch heute noch mehr als 200 Himbeerarten gibt. Nicht nur ihr Duft ist üppig, würzig und berauschend. Geben Sie sich ihrem Genuss hin!

3 Eigelb, 75 g Zucker, 1 TL Vanillezucker,
1/4 l Sahne, 1 TL Zimt, 1 Spritzer Zitronensaft,
250 g frische Himbeeren, 1 EL Zucker

Eigelbe mit Zucker und Vanillezucker über einem heißen Wasserbad schaumig schlagen. Über einem kalten Wasserbad kalt schlagen. Die Sahne steif schlagen. 2/3 von Zimt und den Zitronensaft hinzufügen und die Sahne unter die Eigelbmasse heben.
Eine kleine Kastenform mit Klarsichtfolie auslegen. Das Parfait einfüllen und im Tiefkühlfach fest werden lassen. Kurz vor dem Servieren Himbeeren waschen. Zucker mit dem restlichen Zimt vermischen und darüber streuen. Das Parfait auf eine Platte stürzen. Die Himbeeren auf und neben dem Parfait verteilen.

Sommermenü:

Apfel-Möhren-Salat bretonischer Art
Sauerampfersuppe
Graved Lachs mit Senfsauce auf Rösti
Kir Royal mit schwarzen Johannisbeeren
Liebessteak
Spargel mit Sauce Béarnaise
Großmutters Zitronencreme

Apfel-Möhren-Salat bretonischer Art

1/2 Bund junge Möhren, 2 kleine Sommeräpfel,
1 EL Zitronensaft, 10 Sardellenfilets,
2 EL Sonnenblumenöl, 1 TL Zucker,
1/2 TL Salz, frisch gemahlener weißer Pfeffer

Die Möhren putzen. Äpfel schälen, halbieren und entkernen. Möhren und Äpfel fein raspeln. Sofort mit Zitronensaft beträufeln. Sardellen kurz wässern. Öl, 1 Esslöffel Wasser, Zucker, Salz und Pfeffer verrühren und mit Möhren und Äpfeln vermengen. Den Salat auf 2 kleine Teller verteilen. Die Sardellenfilets gitterartig darauf arrangieren.

Sauerampfersuppe

Die jungen Blätter des Sauerampfers sind, sowohl als wild gewachsenes als auch als gezüchtetes Kraut, reich an Vitamin C, Mineralstoffen und Oxalsäure. Sie regen den Appetit an und wirken blutreinigend. Wenn Sie den Sauerampfer gemeinsam bei einem schönen Spaziergang sammeln, macht das Kochen und Genießen der Suppe noch mehr Freude.

150–200 g Sauerampfer, 3/4 l Fleischbrühe,
1 kleine Zwiebel, 1 EL Butter, 1 EL Mehl,
100 g Kräuterfrischkäse oder Kräuter-Crème-fraîche,
1 TL Zitronensaft, 1 Prise Zucker, 1/8 l Sahne,
1 Prise Salz

Den Sauerampfer waschen. Die dicken Stiele entfernen. Die Fleischbrühe erhitzen und den Sauerampfer darin 5–7 Minuten kochen. Öfter umrühren. Mit dem Mixstab pürieren. Zwiebel schälen und ganz fein würfeln. Die Butter zerlassen und die Zwiebelwürfel darin glasig anschwitzen. Mit Mehl bestäuben und mit etwa 1/4 Liter der Sauerampferbrühe ablöschen (den Rest einfrieren). Mit Kräuterfrischkäse oder Kräuter-Crème-fraîche verfeinern und mit Zitronensaft und Zucker würzen. Die Sahne mit Salz steif schlagen. Die Suppe auf 2 Tassen verteilen und mit einem Sahnehäubchen garniert servieren.

Graved Lachs mit Senfsauce auf Rösti

1 Seite Lachs in nicht allzu dünnen Scheiben
Für die Rösti: 3 große Kartoffeln, 2 Eier,
1 TL Mehl, Salz
Für die Senfsauce: 2 EL süßer Senf,
1 EL Weißwein, 1 EL Olivenöl, 1 Prise Salz,
etwas Zucker nach Geschmack
Außerdem: Öl zum Braten, 1 TL frische Dillspitzen

Für die Rösti die Kartoffeln schälen, grob raspeln und in eine Schüssel füllen. Mit Eiern, Mehl und Salz vermengen.
In einer Pfanne reichlich Öl erhitzen. Kleine Ausstechringe aus Metall in die Pfanne legen und je 1 Esslöffel Teig hineingeben. Wenn die Rösti von unten braun werden, Ringe entfernen, Plätzchen herumdrehen und von der anderen Seite goldbraun braten. Im Backofen warm halten. Für die Senfsauce alle angegebenen Zutaten gut verrühren.
Je zwei Rösti auf zwei Teller verteilen. Darauf den Lachs anrichten. Etwas Sauce halb auf den Lachs, halb auf den Teller träufeln. Mit Dillspitzen garnieren.

Kir Royal mit schwarzen Johannisbeeren

Dieses erfrischende Getränk soll den Gaumen auf den nächsten Menügang einstimmen. Wählen Sie dazu schwarze Johannisbeeren. Sie sind unter den Beeren die vitaminreichsten und steigern in Verbindung mit Alkohol das Liebesbedürfnis ungemein.

2 EL schwarze Johannisbeeren,
2 EL Cassis-Likör, 2 TL Cassis-Eis,
etwas roter Sekt

Johannisbeeren waschen, von den Stängeln zupfen und in 2 Sektschalen verteilen. Mit Cassis-Likör beträufeln und 1 Stunde ziehen lassen. Vor dem Servieren etwas Cassis-Eis darauf verteilen. Mit so viel Sekt begießen, dass die Beeren gerade bedeckt sind, nicht aber das Eis. Langstielige Eislöffel dazulegen.

❤ Wollen Sie die Gläser hübsch verzieren, geben Sie auf 2 Untertassen je 1 Esslöffel Zucker und Zitronensaft. Drehen Sie die Gläser zuerst durch den Zitronensaft und dann durch den Zucker. So erhalten Sie einen hübschen Zuckerrand. Ebenso können Sie auch Johannisbeerrispen zuckern und sie zur Dekoration über den Rand der Gläser hängen.

Liebessteak

Bereits bei den Römern galten die jungen Weinbergschnecken als Delikatesse. Nach der Entdeckung der köstlichen Tiere in den Weinbergen Burgunds legten sie sogar Schneckengärten an, in denen sie die begehrten Leckerbissen mästeten. Und Steaks gelten seit jeher als hervorragende Aphrodisiaka für den Mann.

2 doppelt dicke Steaks,
8 Schnecken aus der Dose, 2 TL Kräuterbutter,
grüne Pfefferkörner, Öl, Salz
Außerdem: Rouladennadeln oder Garn zum Binden

Steaks waagerecht zu einer Tasche aufschneiden. Die Schnecken mit etwas Sud aus der Dose und Kräuterbutter hineinfüllen. Die Taschen mit Rouladennadeln verschließen. Einige zerhackte Pfefferkörner in das Fleisch drücken. Öl in einer Pfanne erhitzen und die Steaks auf jeder Seite 5 Minuten lang braten. Erst zum Schluss salzen, kurz ruhen lassen. Mit Spargel (Rezept rechts) servieren.

Spargel mit Sauce Béarnaise

Schon im Altertum wussten die Herrscher den Spargel nicht nur als Heilmittel und delikates Gemüse zu schätzen, sondern auch als potenzsteigernde Ingredienz. Die alten Römer weihten ihn der Venus, was er nicht zuletzt seinem phallusartigen Aussehen verdankte.

Für den Spargel: 10 Stangen Spargel,
1 TL Salz, 1 TL Zucker, 1 TL Butter
Für die Sauce Béarnaise: 2 Schalotten,
6 EL Weißwein, 1 TL Weißweinessig,
1 TL Estragon (getrocknet), 3 Pfefferkörner,
3 Eigelb, Salz, 1 Prise Zucker, 100 g Butter

Den Spargel schälen und die Enden abschneiden. In kochendem, mit Salz, Zucker und Butter versetztem Wasser 15–20 Minuten garen. Herausnehmen, warm halten und den Sud beiseite stellen.
Inzwischen für die Sauce die Schalotten schälen, halbieren und mit Wein, Essig, Estragon und Pfeffer 5 Minuten einkochen lassen. Den Gewürzsud durch ein Sieb gießen und leicht abkühlen lassen.
Eigelbe mit Salz, Zucker und Spargelsud schaumig schlagen. Die Butter in einem kleinen Topf zerlassen. Die Eigelbmasse ins heiße Wasserbad stellen und den Gewürzsud unterschlagen, bis die Masse dicklich wird. Die Butter langsam unter Rühren einlaufen lassen. Die Sauce darf auf keinen Fall kochen.

❤ Dazu würde ein Kartoffelgratin sehr gut passen.

Großmutters Zitronencreme

1 Päckchen gemahlene weiße Gelatine,
2 Zitronen, 2 Eier, 50 g Zucker, 1/8 l Sahne

Gelatine mit etwas kaltem Wasser nach Packungsanweisung quellen lassen. Zitronen auspressen und mit der gleichen Menge Wasser strecken. Die Eier trennen. Eigelbe, Zitronensaft und Zucker schaumig schlagen. Die aufgelöste Gelatine kräftig darunter schlagen. Die Mischung zugedeckt in den Kühlschrank stellen. Wenn die Creme beginnt, fest zu werden, Eiweiße und Sahne getrennt steif schlagen und beides vorsichtig darunter heben. In Gläser füllen und die Creme bis zum Servieren kühl stellen.

❤ Sie können die Zitronencreme mit einem Sahnehäubchen oder mit Pralinen garnieren.

Warum

Nicht du
um der Liebe willen
sondern
um deinetwillen
die Liebe
(und auch
um meinetwillen)

Nicht
weil ich lieben
muß
sondern weil ich
dich
lieben
muß

Vielleicht
weil ich bin
wie ich bin
aber sicher
weil du
bist
wie du bist

Erich Fried

Nach dem Theaterbesuch

Nach einem Theater-, Kino- oder Konzertbesuch sind die Sinne noch hellwach, im Körper aber hat sich schon wohlige Müdigkeit ausgebreitet. Um das Erlebte in schöner Zweisamkeit nachklingen zu lassen und die Lebensgeister noch einmal anzuregen, können Sie Ihren Gast mit einem Mitternachtshäppchen überraschen. Leicht muss es sein, Ihr kulinarisches Betthupferl, denn Liebe verträgt bekanntlich keinen schweren Magen. Und schnell muss es auf den Tisch zu bringen sein, damit die gelöste Stimmung nicht im Küchendunst erstickt.

Selbstverständlich haben Sie alles am Tage fix und fertig vorbereitet: Es ist nur noch die appetitlich dekorierte kalte Platte aus dem Kühlschrank zu holen, der Topf mit der Mitternachtssuppe kurz zu erhitzen oder das marinierte Fleisch kurz in der Pfanne zu braten.

Ein edler Tropfen rundet den Abend ab: Zu den Fischgerichten passt ein trockener Chablis und zum Nachtisch Sekt oder ein Dessertwein.

Aus den folgenden Anregungen können Sie entweder eine auswählen oder aus dreien ein Minimenü zaubern – dann sollten die einzelnen Portionen allerdings winzig sein (Angaben entsprechend halbieren):

Appetithäppchen

Diese Häppchen machen schon von den Zutaten her ihrem Namen alle Ehre. Und erst der Geschmack ...

15–21 Kräcker, 1 Tube Lachspaste,
1 Scheibe Räucherlachs, 1 EL Dillspitzen,
1 Tube Kaviarpaste, 1 kleines Glas Forellenkaviar,
1–2 hart gekochte Eier in Scheiben,
1 geräuchertes Forellenfilet, 2–3 TL Preiselbeeren

1/3 der Kräcker dick mit Lachspaste bestreichen. Lachsscheibe in Streifen schneiden und kreuzweise darüber legen. Mit Dill garnieren.
1/3 der Kräcker mit Kaviarpaste bestreichen. Kaviar darauf häufen und mit je 1 Eischeibe garnieren.
1/3 der Kräcker mit in Stückchen geschnittener Forelle belegen und mit Preiselbeeren verzieren.

❤ Wenn es am Abend besonders schnell gehen soll, wählen Sie statt der Kräcker runde Pumpernickelscheibchen. Denn sie weichen nicht durch, während sie fertig dekoriert im Kühlschrank auf Ihre Heimkehr warten.

Türkische Sigaras

2 Platten TK-Blätterteig, 200 g Schafskäse (Feta), 2 EL Sahne, 2 EL gehackte Petersilie

Die aufgetauten Teigplatten lang ausrollen. Schafskäse mit Sahne und Petersilie glatt rühren. Auf dem Teig verteilen, dabei rundherum einen Rand frei lassen. Teig und Füllung von der Längsseite her wie Zigarren aufrollen. In Zigarrenlänge schneiden und an den Schnittstellen zudrücken. Zugedeckt kühl stellen.
Am Abend den Backofen auf 220 °C (Heißluft 200 °C) vorheizen. Die Sigaras mit der Naht nach unten auf ein mit Wasser bespritztes Backblech legen und im Backofen 10 Minuten backen. Warm genießen.

❤ Die Sigaras sehen noch schöner aus, wenn sie vor dem Backen mit Eigelb bestrichen und mit Paprikapulver bestäubt oder durch Sesam oder Mohn gerollt werden.

Badische Schneckensuppe

Im alten Rom galten, wie schon erwähnt, Schnecken als Delikatessen. Der legendäre Genießer Lukull legte bereits kurz vor der Zeitenwende ein Schneckengehege an, um den römischen Adel zu verwöhnen.

1 Dose Schnecken (24 Stück), 1/2 Stange Lauch,
20 g Butter, 1 TL grüne Pfefferkörner,
1 TL Mehl, 1/8 l Rinder- oder Hühnerbrühe,
1/8 l Sahne, 100 g Kräuterfrischkäse,
1/8 l trockener Weißwein, 1 ungespritzte Zitrone,
1 Prise Zucker, frisch gemahlener Pfeffer,
2 Tupfen leicht gesalzene Schlagsahne,
1 TL gehackte Petersilie

Die Schnecken abgießen, dabei den Sud auffangen. Schnecken grob zerkleinern. Lauch waschen und in feine Ringe schneiden. Butter in einem Topf zerlassen, Schnecken und Lauch leicht anschwitzen. Mit grünem Pfeffer würzen. Mehl darüber stäuben, umrühren und mit Brühe ablöschen. Den Schneckensud dazugeben und aufkochen. Sahne, Käse und Wein hinzufügen und 5 Minuten köcheln lassen. 1/2 Teelöffel abgeriebene Zitronenschale und einige Spritzer Zitronensaft zur Suppe geben. Mit Zucker und Pfeffer abschmecken. Sehr heiß mit Sahnetupfen und Petersilie anrichten.

- Dazu passen Grissini oder Holländisches Käsegebäck (Rezept S. 52).
- Sie können die Suppe am Vortag vorbereiten.

Muschelsülze

1 Päckchen gemahlene Gelatine,
2 Gewürzgurken, 1 EL Kapern, 125 g Mayonnaise,
Salz, Pfeffer, 3 EL gehackte Petersilie,
100 g Muscheln aus dem Glas (naturell)
2 EL Weißwein, 1 Zitrone

Die Gelatine nach Packungsanweisung zum Quellen ansetzen. Gurken und Kapern fein hacken. Mayonnaise mit Salz, Pfeffer und gehackter Petersilie würzen. Mit Gurken und Kapern vermischen. Abgetropfte Muscheln und Wein dazugeben. Aufgelöste Gelatine untermischen. Eine passende Form mit Klarsichtfolie auslegen. Die Mischung einfüllen und zugedeckt im Kühlschrank erstarren lassen. Am Abend in Scheiben schneiden und mit Zitronenvierteln garnieren.

❤ Dazu dunkles Brot und Butter servieren. Sie können die Sülze pikant mit grünem Pfeffer und Zitronenzesten verfeinern.

Pfefferminzüberraschung

Eine kühle Verlockung – belebend, leicht und schnell zubereitet! Auch die Minze ist der Liebesgöttin Venus heilig. Und die aphrodisierende Wirkung der Schokolade ist schon seit dem Mittelalter bekannt.

250 g Erdbeeren,
1–2 EL Zucker, vermischt mit 1 Prise Vanillezucker,
2 Stängel Pfefferminze, 1/8 l Sahne,
1 EL Pfefferminzlikör, After-Eight-Plättchen

Die Erdbeeren waschen, Stiele und Blättchen entfernen. Mit 1 Esslöffel Zucker bestreuen. Die Minze waschen, trockentupfen und die Blättchen klein zupfen. Alles gut vermischen und in hohe Gläser füllen. Die Sahne mit restlichem Zucker steif schlagen, mit Pfefferminzlikör vermischen (sie soll giftgrün aussehen) und in einen Spritzbeutel füllen. Dekorativ auf die Erdbeeren spritzen und kalt stellen. Vor dem Servieren mit After-Eight-Plättchen garnieren.

❤ Die Pfefferminzüberraschung gelingt auch mit Johannisbeeren oder Pfirsichstückchen.

Pfirsichauflauf

Sie können den Auflauf schon tagsüber vorbereiten und müssen ihn dann abends nur noch in den Backofen schieben und backen.

500 g Pfirsiche, 50 g Butter, 60 g Zucker,
1/2 TL Vanillezucker, 2 Eier, 50 g Marzipanrohmasse,
50 g gemahlene Mandeln, 1 Msp. Zimt,
1 EL Mandelstifte
Außerdem: Butter für die Form

Den Backofen auf 220 °C (Heißluft 200 °C) vorheizen. Pfirsiche blanchieren, häuten, halbieren und entsteinen. Die Pfirsichhälften mit der Schnittseite nach unten in eine gebutterte Auflaufform legen. Butter, 50 Gramm Zucker, Vanillezucker, Eier, Marzipan und gemahlene Mandeln schaumig rühren und über den Pfirsichhälften verteilen. Restlichen Zucker, Zimt und Mandelstifte vermischen und darüber streuen. Im Backofen etwa 30 Minuten überbacken.

Essen ohne dich

Ich habe mich hungrig gefühlt,
Doch fast nichts gegessen.
War alles lecker, das Bier so schön gekühlt. –
Aber: du hast nicht neben mir
Gegessen.

Verzeihe: Ich stellte mir vor,
Daß das ewig so bliebe,
Wenn du vor mir –
Ach was geht über Liebe?!!

Muß ich nun doch
Ein paar Tage noch
Fressen, ohne Lust; o das haß ich. –
Aber wenn Du von der Reise
Heimkehrst, weiß ich, daß ich
Wieder richtig speise.

Joachim Ringelnatz

Verzeichnis der Rezepte

Frühstück im Bett

Brunch für Verliebte

Picknick im Grünen

Intimes Kaffeestündchen

Teatime

Happy Hour

Dinner for two / Wintermenü

Dinner for two / Sommermenü

Nach dem Theaterbesuch

Quellennachweis

Rose Ausländer, „Das Schönste“, aus: dies., Ich höre das Herz des Oleanders. Gedichte 1977–1979

Erich Fried, „Was es ist“ sowie „Dich“ und „Warum“, aus: ders., Es ist, was es ist. Liebesgedichte. Angstgedichte. Zorngedichte.

siehe auch: Gesammelte Werke

Joachim Ringelnatz, „Essen ohne dich“, aus: ders., Sämtliche Gedichte